·S V·

16

Ulli Schubert

Leselöwen

Fußball-Wissen

Illustrationen von Udo Kruse-Schulz

Loewe

Der Umwelt zuliebe ist dieses Buch
auf chlorfrei gebleichtem Papier gedruckt.

ISBN 3-7855-5029-4 – 2. Auflage 2004

Umschlagillustration: Udo Kruse-Schulz
Umschlaggestaltung: Andreas Henze
Gesamtherstellung: sachsendruck GmbH, Plauen
Printed in Germany

www.loewe-verlag.de

Inhalt

Eine

Eine berühmte Persönlichkeit

„Guten Morgen“, sagte Herr Lehmann, als er das Klassenzimmer betrat. „Holt bitte eure Deutschhefte heraus, wir schreiben einen Aufsatz.“

Sabrina stöhnte. Einen Aufsatz? Die Idee des Lehrers begeisterte sie ebenso wenig wie Elli, die neben ihr saß.

„Ich hasse Deutsch“, zischte Elli. „Ich hasse es, Aufsätze schreiben zu müssen. Und am allermeisten hasse ich es an einem Montagmorgen!“

Sabrina nickte. Elli hatte Recht. Wie in Zeitlupe nahm Sabrina ihr Heft aus der Schultasche. Sie schlug es auf und schrieb lustlos die Überschrift von der Tafel ab: *Eine berühmte Persönlichkeit.*

„Was für ein blödes Thema“, dachte Sabrina. „Ich kenne keine Persönlichkeiten, und schon gar keine berühmten.“

Verärgert lehnte sie sich zurück, verschränkte die Arme vor der Brust und starrte aus dem Fenster. Genau auf den Schulsportplatz. Und auf einmal musste sie lächeln. Auf dem Fußballplatz war zwar niemand zu sehen, aber allein der Anblick des Rasens erinnerte Sabrina an den gestrigen Tag. Das Fußballspiel war einfach wunderbar, traumhaft, gigantisch gewesen. Treffender ließ es sich wirklich nicht beschreiben. 4 : 0 hatte sie mit ihrer Mannschaft gewonnen, und Sabrina hatte alle vier Tore geschossen! Drei Treffer hatte sie sogar in einer Halbzeit erzielt. Ein lupenreiner Hattrick!

„Schade, dass wir nie Aufsätze über Fußball schreiben“, dachte Sabrina. Bei dem Thema würde ihr sofort jede Menge einfallen. Sie könnte von spannenden Spielen erzählen, von tollen Toren und verschossenen Elfmetern. Und vor allem könnte sie von dem Spiel berichten.

Das Beste war, dass ihre Mannschaft in einem richtigen Stadion gespielt hatte. Als Vorspiel zu der Begegnung der ersten Herren-Mannschaft. Weit über tausend Leute hatten Sabrina und ihren Mitspielern bei dem Super-Sieg zugesehen. Die ersten Herren waren in der vergangenen Saison in die Oberliga aufgestiegen. Allerdings spielten sie nicht besonders gut und mussten höllisch aufpassen, um nicht sofort wieder abzusteigen.

Gestern hatten die Spieler allerdings einen großen Schritt in Richtung Klassenerhalt geschafft. Sie gewannen mit 1 : 0, durch ein Tor in der vierten Spielminute. Doch der Held des Spieles war nicht etwa der Torschütze gewesen, sondern Heino Möller, der Torhüter. Alles, was auf sein Tor kam, hatte er gehalten. Einen Schuss nach dem anderen wehrte er ab. Mindestens sieben hundertprozentige Chancen hatte er unschädlich gemacht und mit seinen Paraden die gegnerischen Stürmer fast zur Verzweiflung gebracht.

„Ein' Heino Möller, es gibt nur ein' Heino Möller ...", hatten die Zuschauer nach dem Abpfiff gesungen und im Chor geschrien: „Hei-no-Möl-ler-Fuß-ball-gott!" Der Torhüter war wie ein Star gefeiert worden, wie eine Berühmtheit. Es hätte nicht viel gefehlt, und die Fans hätten ihn sogar auf den Schultern vom Platz getragen!

Wie ein Star? Eine Berühmtheit?

Sabrinas Augen leuchteten.

„Was ist?", fragte Elli leise. „Hast du eine Idee?"

„Ja!", flüsterte Sabrina zurück und schrieb unter die Überschrift, die Herr

Lehmann vorgegeben hatte: Heino Möller, Fußballgott!

Elli warf einen kurzen Blick in Sabrinas Heft.

„Heino Möller?“, fragte sie. „Wer ist das denn?“

„Was, den kennst du nicht?“, fragte Sabrina erstaunt zurück. Doch dann fiel ihr ein, dass Elli sich überhaupt nicht für Fußball interessierte. Wahrscheinlich kannte sie noch nicht einmal Michael Ballack oder Oliver Kahn. Oder Weltstars wie Ronaldo, Zinedine Zidane oder David Beckham. Wie sollte sie da den Torwart der einheimischen Oberliga-Mannschaft kennen?!

„Heino Möller, das ist ...“, fing Sabrina an zu erklären, doch sie unterbrach sich, als sie merkte, dass sie selbst nicht viel über ihn wusste. Eigentlich gar nichts, außer dass er Torhüter in der ersten Herren-Mannschaft ihres Vereins war.

„Sabrina! Elli! Was gibt es da zu tuscheln?“ Herr Lehmann ging mit schnellen Schritten die Tischreihen entlang und blieb bei den beiden Mädchen stehen.

„Hatte ich irgendetwas von Gruppenarbeit gesagt?“, fragte der Lehrer laut.

„Aber ... wir haben doch gar nicht zusammengearbeitet“, widersprach Sabrina.

„Ach, nein?“, sagte Herr Lehmann mit einem höhnischen Unterton. „Na, das wollen wir doch mal sehen.“

Er schnappte sich zuerst das Heft von Elli, die jedoch noch nichts hineingeschrieben hatte. Noch nicht einmal die Überschrift.

„Hmm, leer“, stellte Herr Lehmann fest. Er seufzte und schenkte Elli einen bedauernden, mitleidigen Blick. Dann sah er Sabrina an und nahm schließlich ihr Heft in die Hand. „Und was steht bei dir? Etwa auch noch nichts?“

„Doch“, erwiderte Sabrina trotzig.

„Oh ja, tatsächlich“, sagte der Lehrer und las laut vor: „Heino Möller, Fußballgott.“

Ein paar Schüler kicherten, doch die meisten, die wie Sabrina im Verein Fußball spielten und gestern ebenfalls im Stadion gewesen waren, grinsten und zwinkerten ihr zu.

„Wer zum Teufel ist Heino Möller?“, fragte der Lehrer vollkommen ahnungslos.

„Ach, Sie kennen den Namen auch nicht?“ Elli atmete erleichtert auf. „Ein Glück, ich dachte schon, ich bin hier die einzige Doofe.“

Jetzt lachten alle, sogar Herr Lehmann.

Dann erklärte Sabrina ihm, wer Heino Möller war, und erzählte von dem Fußballspiel.

„Ich verstehe“, sagte Herr Lehmann. „Der Torwart hat eurem Verein also einen wichtigen Sieg gerettet. Aber deshalb ist er doch noch keine berühmte Persönlichkeit.“

„Für uns schon“, widersprach Moritz und rief in die Klasse: „Hei-no-Möl-ler!“ Prompt fielen die anderen mit ein und ergänzten: „Fuß-ball-gott!“

„Okay, das reicht. Jetzt beruhigt euch wieder“, mahnte der Lehrer.

„Was ist das überhaupt – eine berühmte Persönlichkeit?“, überlegte Sabrina laut. „Reicht es, wenn fünftausend Leute im Stadion einen Namen brüllen? Oder ist jemand erst berühmt, wenn ihn die ganze Welt kennt? Außer vielleicht Elli.“

„He!“, sagte Elli empört und boxte Sabrina in die Seite.

„Gute Frage“, meinte Herr Lehmann. „Vielleicht sollten wir zunächst klären, was eine berühmte Persönlichkeit eigentlich ausmacht. Also los, klappt die Hefte zu, den Aufsatz schreiben wir ein anderes Mal. Ich erzähle euch jetzt erst einmal, wie ich vor langer Zeit Franz Beckenbauer persönlich kennen gelernt habe!“

„Wen?“, fragte Elli.

„Den Kaiser“, erklärte Sabrina und rollte mit den Augen.

„Wow“, sagte Elli begeistert. „Einen echten Kaiser ...!“

Berühmte Spieler

Franz Beckenbauer, der „Kaiser“, wurde 1945 in München geboren und spielte im Laufe seiner Karriere nur bei drei Vereinen: beim FC Bayern München, bei Cosmos New York und beim Hamburger SV. Beckenbauer spielte 103-mal in der deutschen Nationalmannschaft und wurde zweimal Weltmeister: 1974 als Spieler und 1990 als „Teamchef“.

Diego Maradona, geboren 1960, stammt aus Argentinien. Er spielte sowohl für einige südamerikanische Klubs als auch für den FC Barcelona und den SSC Neapel, mit dem er Meister und Pokalsieger wurde und 1989 den UEFA-Pokal gewann. 1986 wurde er als Kapitän der argentinischen Nationalmannschaft Weltmeister.

Zinedine Zidane, geboren 1972 in Marseille, wurde mit Juventus Turin zweimal italienischer Meister. Seine Länderspielkarriere begann 1994 im Spiel gegen Tschechien, als er nur 17 Minuten lang spielte und zwei Tore schoss! 1998 wurde er Weltmeister, bei der EM 2000 Europameister. In diesen Jahren war er auch „Weltfußballer des Jahres".

Sir Bobby Charlton wurde 1937 in Ashington (England) geboren. Er war dreimal englischer Meister und einmal Europapokal-Sieger. Sir Bobby Charlton wurde 1966 Weltmeister und später für seine Verdienste um den englischen Fußball von der Queen geadelt (deshalb „Sir" Bobby Charlton).

Edson Arantes do Nascimento, genannt **Pelé**, ist der wohl beste Fußballspieler aller Zeiten. Er wurde 1940 in Brasilien geboren und stellte einige bis heute unerreichte Rekorde auf. 1958 in Schweden war er mit seinen 17 Jahren der jüngste Nationalspieler bei einer Fußball-WM. Insgesamt schoss er während seiner Karriere sagenhafte 1 255 Tore!

Wer holt den Pokal?

Der Schiedsrichter schaut auf seine Uhr. Wenige Sekunden später pfeift er das Spiel ab. Doch keine der beiden Mannschaften jubelt. Kein Spieler verlässt den Platz. Stattdessen lassen sich alle erschöpft zu Boden sinken und warten auf die Wasserflaschen. Denn das Spiel ist noch nicht zu Ende.

1:1 steht es im Pokalendspiel zwischen dem FSV Norderstadt und dem VfL 96. Es gibt also eine Verlängerung. Wenn danach immer noch keiner gewonnen hat, muss das Elfmeterschießen entscheiden!

Tanju wird ganz flau im Magen. „Hoffentlich kommt es nicht so weit“, denkt er. Elfmeter sind nicht gerade seine Stärke. Seit drei Jahren steht er im Tor des VfL 96, und noch nie hat er einen Elfmeter halten können. Noch nie!

Das wissen natürlich auch seine Mitspieler. Kaum hat der Schiedsrichter das

Spiel wieder angepfiffen, stürmt Tanjus Mannschaft wild entschlossen auf das gegnerische Tor zu.

Tim, der Spielmacher, schlägt einen langen Pass in die Spitze. Ben spurtet heran. Kurz vor der Torauslinie bringt er den Ball unter Kontrolle. Ein Verteidiger stellt sich ihm in den Weg. Doch mit einer geschickten Körpertäuschung lässt Ben ihn aussteigen und flankt butterweich in den Strafraum. Der lange Hendrik steht genau richtig. Er springt hoch, erwischt den Ball mit der Stirn und köpft das Leder über den herausstürzenden Torwart hinweg in den leeren Kasten!

„Tor!", jubeln die Spieler.

„Tor!", schreit auch Tanju erleichtert. Das muss doch der Sieg sein! Oder?

Bis zum Seitenwechsel passiert jedenfalls nichts Aufregendes mehr, und auch in der zweiten Halbzeit der Verlängerung kann der VfL 96 die knappe Führung halten.

Bis kurz vor dem Schlusspfiff. Da taucht plötzlich der gegnerische Mittelstürmer im Strafraum des VfL 96 auf. Tanju stürzt aus seinem Tor. Leider stellt er sich dabei nicht besonders clever an. Er kommt zwar als Erster an den Ball, aber dann trifft er auch noch das Bein des Gegners.

Es ist nur eine ganz leichte Berührung, doch der Mittelstürmer lässt sich fallen und wälzt sich schreiend am Boden, als ob sein Bein mindestens hundert Mal gebrochen wäre.

Und der Schiedsrichter fällt auf diesen Trick auch noch herein. Er zeigt sofort auf den Punkt. Elfmeter!

„Oh nein!", denkt Tanju. Doch der Mannschaftskapitän der Norderstädter legt sich schon den Ball zurecht.

„Wenn ich diesen Elfer halte, bin ich der Held!", denkt Tanju. Er geht leicht in die Hocke und beobachtet seinen Gegner. Tanju hofft, dass der sich vielleicht selbst verrät, indem er vorher in die Ecke schaut, in die er schießen will.

Aber diesen Gefallen tut der Mannschaftskapitän der Norderstädter dem

Torwart natürlich nicht. Er läuft an und jagt den Ball hart und trocken unten rechts in die Maschen, während Tanju immer noch wie angewurzelt auf der Linie klebt.

2 : 2!

Jetzt jubeln die Norderstädter. Die Spieler des VfL 96 dagegen lassen enttäuscht die Köpfe hängen.

Wenig später wird das Spiel abgepfiffen, und das bedeutet: Elfmeterschießen.

Der Schiedsrichter ruft die fünf Schützen der Teams und die Torhüter zusammen.

„Ihr schießt immer abwechselnd“, erklärt er den Spielern. „Zuerst ist der VfL 96 an der Reihe, dann der FSV Norderstadt. Die Mannschaft, die am Ende mehr Tore erzielt hat, ist Pokalsieger. Verstanden?“

„Ja“, murmeln die Spieler im Chor, und dann macht sich Tim als erster Schütze für den VfL 96 bereit.

Tanju mag gar nicht hinsehen. Er hält sich die Augen zu, doch als Sekunden später lauter Jubel über den Platz dröhnt, öffnet er sie wieder. Seine Mitspieler reißen die Arme hoch. Es steht 1 : 0.

Leider trifft der erste Schütze der Norderstädter genauso gut. Auch die nächsten Spieler verwandeln ihre Elfmeter sicher.

Als Ben sich für den fünften und letzten Elfmeter den Ball zurechtlegt, steht es 4:4. Keiner der beiden Torhüter hatte bisher auch nur den Hauch einer Chance, einen Ball zu halten. Auch diesmal ist der Torwart des FSV Norderstadt machtlos. Ben läuft an, er schießt – und trifft. 5 : 4!

Die Spieler des VfL 96 feiern. Wenn Tanju jetzt den nächsten Elfmeter hält, hat seine Mannschaft den Pokal gewonnen. Doch wie soll er das bloß schaffen?

Ohne große Hoffnung wartet Tanju auf den letzten Schützen. Es ist ausgerechnet der Mannschaftskapitän, dessen erster Elfmeter fast wie eine Kanonenkugel eingeschlagen war. Wie soll er so ein Geschoss nur halten? Selbst wenn Tanju früh genug abgesprungen wäre, hätte er den Treffer nicht verhindern können. Oder etwa doch?

Tanju wird nachdenklich, und plötzlich weiß er, was er beim ersten Elfmeter falsch gemacht hat. Ein Torwart hat keine Chance, wenn er nur auf den Schützen reagiert! Das wird Tanju nicht noch einmal passieren. Diesmal entscheidet er sich selbst für eine Ecke, in die er fliegen wird. Und wenn er ein bisschen Glück hat, ist es sogar die richtige.

Der gegnerische Kapitän läuft an. Seine

Augen verraten nichts. Doch noch bevor er den Ball trifft, springt Tanju bereits in die linke untere Ecke des Tores. Und genau dorthin fliegt auch der Ball!

Tanju macht sich lang und länger. Mit den Fingerspitzen erwischt er den Ball und lenkt ihn mit letzter Kraft um den Pfosten.

Gehalten!

Tanju reißt die Arme hoch. Gewonnen! Der VfL 96 hat tatsächlich den Pokal gewonnen. Dank Tanju, dem Helden des Elfmeterschießens!

Wichtige Pokale

Es gibt zwei verschiedene Arten von Pokalspielen: Die einen sind Vereins-Wettbewerbe und werden jährlich ausgetragen. Die anderen Pokalspiele sind Wettbewerbe für Nationalmannschaften und finden alle vier Jahre statt.

Am **DFB-Pokal-Wettbewerb** nehmen neben den Profiklubs der 1. und 2. Bundesliga auch Amateur-Mannschaften teil. Der DFB-Pokal wird im K.-o.-System gespielt. Das heißt, dass die Verlierer ausscheiden und nur die Sieger weiterkommen. Der DFB-Pokal-Sieger nimmt automatisch am europäischen UEFA-Cup teil – es sei denn, der Verein hat sich für die Champions League qualifiziert.

In Europa gibt es jedes Jahr zwei verschiedene Vereins-Meisterschaften. Für die **Champions League** sind die jeweiligen Landesmeister qualifiziert, in manchen Ländern auch noch die Nächstplatzierten. Im **UEFA-Cup** treten die nächststärkeren Teams der europäischen Ligen und die Pokalsieger gegeneinander an.

Der wichtigste Pokal für Nationalmannschaften ist natürlich die **Weltmeisterschaft**, die alle vier Jahre stattfindet. Die erste WM wurde 1930 ausgetragen. Gastgeber Uruguay gewann das Turnier, an dem allerdings nur 13 Länder teilnahmen. Die nächste WM wird im Jahr 2006 in Deutschland ausgetragen.

Seit 1991 gibt es auch eine **Frauen-WM**. 2003 wurden die deutschen Nationalspielerinnen erstmals Weltmeister.

Die **Europameisterschaft** findet ebenfalls alle vier Jahre statt.

Der Meisterkönig

Geschafft! Die Kicker von Fortuna Löwenstein sind Meister. Mit sieben Punkten Vorsprung und ihrem tollen Torverhältnis kann die Mannschaft bis zum Ende der Saison von keinem Gegner mehr eingeholt werden.

„Das wird gefeiert“, verspricht der Trainer. „Nächste Woche steigt eine riesige Meisterschafts-Party!“

Die Spieler klatschen begeistert Beifall.

Herr Fink hält sein Versprechen. Anstatt zu trainieren, feiern die Meisterkicker am folgenden Donnerstag im Vereinsheim. Der Klubraum ist wunderschön hergerichtet. Überall hängen Girlanden und Luftballons in den Vereinsfarben von der Decke. In einer Ecke des Raumes ist ein leckeres Büfett aufgebaut worden, und auf dem Tisch daneben stehen die Getränke.

Während sich die Mannschaft schon über das Essen hermachen will, schenkt sich Herr Fink ein Glas Cola ein und steht auf. Sofort werden die Spieler still.

„Wir haben uns heute hier versammelt“, beginnt der Trainer seine Rede, „um eine supertolle Meister-Mannschaft zu feiern. Und das seid ihr!“

Die Kicker reißen die Arme hoch und jubeln.

„Alle, vom Torwart bis hin zu den Ergänzungs-Spielern, haben stets ihr Bestes gegeben“, fährt Herr Fink fort. „Deshalb möchte ich jetzt auch keinen Spieler besonders hervorheben.“

„Schade eigentlich“, murmelt Max, während alle anderen Spieler die Worte des Trainers wieder bejubeln.

Alle, außer Kati. Denn die hat mitbekommen, dass Max nicht gerade zufrieden ist.

„Was hast du gesagt?", fragt sie deshalb nach.

Max schüttelt den Kopf.

„Nichts", sagt er. Aber das stimmt nicht. In ihm brodelt es. 39 Tore hat Max in dieser Saison bereits geschossen. Mehr als jeder andere Stürmer in der gesamten Staffel. Ihm ganz allein hat es die Mannschaft zu verdanken, dass sie frühzeitig Meister geworden ist. Und als Torschützenkönig hätte er doch wohl ein Extra-Lob verdient. Oder etwa nicht?

„Aber ich will nicht lange reden, heute wollen wir feiern", sagt der Trainer. „Wie ihr seht, gibt es genug zu essen und zu trinken. Außerdem habe ich noch ein paar Spiele vorbereitet."

„Spiele?" Max horcht auf. „Was für Spiele?"

„Fußballspiele natürlich", sagt Herr Fink.

„Heute könnt ihr nochmal zeigen, was ihr so draufhabt. Schließlich hättet ihr heute eigentlich trainieren müssen.“

„Fußballspiele?“, fragt Max nach.

„Genau“, sagt der Trainer und holt aus einer Plastiktüte eine selbst gebastelte goldene Krone heraus. „Und wer am Ende gewinnt, wird zum Meisterkönig gekrönt! Habt ihr Lust dazu?“

„Ja!“, rufen die Kicker im Chor.

Max schreit am allerlautesten. Jetzt hat er die Gelegenheit, seinen Mitspielern und vor allem Herrn Fink zu zeigen, dass er der Beste ist.

Ungeduldig wartet Max, bis alle zu Ende gegessen haben. Dann endlich beginnt das erste Spiel.

Herr Fink hat sich einen bunten Mix aus Geschicklichkeits-Übungen, Reaktions-Spielen und einem Fußball-Quiz ausgedacht. Zuerst müssen die Kicker Luftballons aufpusten, dann mit einem Ball jonglieren, einen Luftballon durch einen Slalomkurs bringen, ohne dass er platzt, und zum Schluss auch noch möglichst viele Liegestütze machen.

Die ersten drei Aufgaben gewinnt Max. Doch auch Kati macht ihre Sache sehr gut. Sie ist jedes Mal die Zweitbeste und gewinnt sogar die vierte Übung, weil sie drei Liegestütze mehr schafft als Max.

Vor dem letzten Spiel zählt der Trainer die Punkte zusammen.

„Max liegt in Führung, allerdings mit nur einem Punkt vor Kati“, gibt Herr Fink das Zwischenergebnis bekannt. „Weil die anderen Spieler keine Möglichkeit mehr haben, die beiden einzuholen, schlage ich vor, dass nur noch Max und Kati an dem Quiz teilnehmen. Sind alle damit einverstanden?“

Max und Kati nicken, und auch die anderen Spieler stimmen zu.

„Okay“, sagt der Trainer und erklärt die Regeln. „Ich habe drei Quizfragen zur Geschichte des Fußballs vorbereitet. Zu jeder Frage gebe ich mehrere Antworten vor. Davon ist aber immer nur eine richtig. Ihr schreibt nur die Nummer der Frage auf euren Antwortzettel und dazu den Buchstaben mit der Lösung. Für jede richtige Antwort gibt es einen Punkt. Habt ihr alles verstanden?“

Wieder nicken Max und Kati nur. Sprechen können sie nicht mehr, dafür sind beide viel zu aufgeregt.

„Gut, hier kommt die erste Frage“, sagt Herr Fink. „Im Jahre 1864 wurden die Fußballregeln geändert. Die Spieler mussten von da an ein bestimmtes Kleidungsstück tragen. Waren es a) Schuhe, b) eine Mütze oder c) Handschuhe?“

Herr Fink wartet, bis Max und Kati ihre Antwort aufgeschrieben haben. Dann liest er die nächste Frage vor.

„Frage 2: Der englische Verein Queens Park Rangers wurde 1867 gegründet. Welche bittere Erfahrung mussten die Spieler acht Jahre später machen? a) Sie verloren ihr erstes Spiel, b) sie stiegen zum ersten Mal ab, oder c) sie mussten ihr erstes Gegentor hinnehmen. – Na, habt ihr euch entschieden?“, will der Trainer wissen. „Gut, dann kommt die letzte Frage: Welcher deutsche Verein schaffte als erster das Double, gewann also in einem Jahr sowohl die Meisterschaft als auch den Pokal? a) Bayern München, b) der 1. FC Köln oder c) der FC Schalke 04.“

Herr Fink wartet noch einen Augenblick, bevor er die beiden Zettel einsammelt. Als er sie sich anschaut, sieht er folgende Lösungen:

Max: 1. a), 2. c), 3. c) – Kati: 1. b), 2. a), 3. a).

„Nun machen Sie es doch nicht so spannend“, fleht Max. Er kann es kaum noch aushalten. Hat er alle Fragen richtig beantwortet und damit die Krone gewonnen? Ist er der Meisterkönig? Oder hat Kati ihn doch noch besiegt?

Die richtige Lösung lautet: 1. b), 2. c), 3. c).

Geschichte des Fußballs

Die ältesten Spuren des Fußballs sind ungefähr **fünftausend Jahre** alt und stammen aus China. Dort soll es ein fußballähnliches Spiel mit dem Namen Ts'ah'Küh gegeben haben.

Die ersten Fußballregeln der Neuzeit wurden **1846** von Studenten der Universität von Cambridge (England) festgelegt. Damals bestand eine Mannschaft aus 15 bis 20 Spielern.

Im Halbfinale der Fußballmeisterschaft **1903** verlor der Karlsruher FV gegen den DFC Prag, ohne überhaupt gespielt zu haben. Den Karlsruhern wurde telegrafiert, dass das Spiel ausfallen würde, und sie reisten gar nicht erst nach Prag. Das Telegramm war jedoch eine Fälschung, und die Prager zogen kampflos ins Finale ein.

1922 gab es keinen deutschen Meister. Im Finale zwischen dem Hamburger SV und dem 1. FC Nürnberg stand es nach 120 Minuten 2:2. Da es noch kein Elfmeterschießen gab, wurde weitergespielt. Als nach über drei Stunden immer noch keine Entscheidung gefallen war, brach der Schiedsrichter das Spiel ab. Es war zu dunkel geworden!

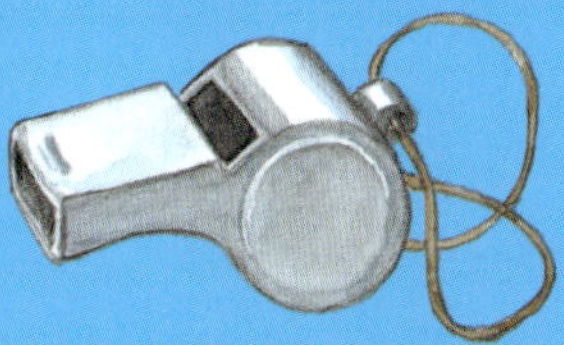

Im Jahr 1963 wurde die deutsche Fußball-Bundesliga gegründet, zuerst mit 16 Vereinen, später waren es 18. Damals wurde übrigens festgelegt, dass die Spieler nicht mehr verdienen durften als 1 200 DM (rund 600 Euro) im Monat!

Am 4. Juli 1954 wurde die deutsche Nationalmannschaft zum ersten Mal Fußball-Weltmeister! Im Finale in Bern wurde der haushohe Favorit Ungarn mit 3 : 2 bezwungen.

Eine ganz besondere Standard-Situation

Ein Pfiff gellt über den Platz, und der Trainer ruft die Spieler zusammen.

„Na endlich!“, seufzt Fabian erleichtert.

„Wie, kannst du etwa schon nicht mehr?“, fragt Jonas, der neben ihm trabt.

„Doch, natürlich“, antwortet Fabian. Dabei ist er schon ziemlich am Ende seiner Kräfte. Fabian ist erst seit kurzem im Fußballverein. Heute hat er zum ersten Mal Training. Doch das ist ganz anders, als Fabian es sich vorgestellt hat.

„Laufen, laufen, immer nur laufen“, stöhnt er. „Hört das denn nie auf?“

„Ich könnte mir auch etwas Schöneres vorstellen“, meint Jonas. „Aber seitdem Herr Happe unser Trainer ist, haben wir alle tatsächlich eine bessere Kondition.“

Fabian rümpft die Nase. „Ich will Fußball spielen und kein Langstreckenläufer werden“, denkt er. Aber er sagt es nicht.

„Müssen wir noch länger laufen, oder dürfen wir endlich mal spielen?“, fragt er stattdessen.

„Keine Ahnung“, antwortet Jonas. „Das Training ist jedes Mal anders. Am Ende machen wir aber immer ein kurzes Spiel.“

In dem Augenblick meldet sich der Trainer zu Wort.

„Als Nächstes üben wir noch ein paar Standard-Situationen“, sagt er und sieht fragend in die Runde. „Wisst ihr, was Standard-Situationen sind?“

„Das ist eine gute Frage", denkt Fabian. Er hat das Wort schon so oft gehört! Jeder Sportreporter sagt es allein während eines einzigen Spiels mindestens tausend Mal. Aber was genau Standard-Situationen sind, könnte Fabian nicht erklären.

„Kann jemand ein Beispiel nennen?"

„Freistöße", meint Jonas.

„Richtig, und was noch?"

„Eckbälle!", ruft ein anderer Spieler. „Und Elfmeter!"

„Ja, Strafstöße, genau", sagt Herr Happe. „Aber ein Beispiel fehlt noch!"

Plötzlich fällt Fabian etwas ein. Er meldet sich und fragt: „Einwürfe?"

„Sehr gut!", lobt der Trainer. „Auch Einwürfe sind Standard-Situationen. Das bedeutet, dass sie in jedem Spiel immer wieder gleich oder zumindest ähnlich vorkommen und deswegen besonders gut geübt werden müssen."

„Warum?", fragt Fabian.

„Weil sie spielentscheidend sein

können“, behauptet der Trainer. „Was glaubt ihr, wie viele Tore an einem normalen Bundesliga-Spieltag aus Standard-Situationen heraus entstehen?“

„Drei bis vier?“, schätzt ein Spieler.

„Nein, mehr!“, vermutet ein anderer.

„Aber auf alle Fälle nicht mehr als acht!“, meint Fabian.

Der Trainer lächelt.

„Seid ihr da so sicher?“, fragt er. „Wer von euch will mal ein Videoband mit nach Hause nehmen und eine Aufgabe lösen?“

Fabian meldet sich.

„Okay“, sagt der Trainer. „Ich habe alle Bundesligaspiele der letzten Jahre aufgezeichnet. Du kannst dir einen Spieltag aussuchen. Sieh dir alle Spiele an und zähle die entscheidenden Standard-Situationen.“

„Gut“, sagt Fabian, „das mache ich.“

„Prima“, sagt Herr Happe. Dann schaut er auf seine Uhr und stellt fest, dass nicht mehr genügend Zeit bleibt, um noch mit dem Üben der Standard-Situationen anzufangen. Also lässt er zwei Mannschaften wählen, und die Jungs dürfen die letzten Minuten noch spielen.

Nach dem Training holt Fabian sich das Video von Herrn Happe ab.

„Kann ich mitkommen?“, fragt ihn Jonas, der draußen auf ihn wartet. „Ich könnte dir beim Zählen helfen.“

„Ja, gern“, sagt Fabian.

„Welchen Spieltag hast du dir eigentlich ausgesucht?“, fragt Jonas, als die beiden Jungs es sich in Fabians Zimmer gemütlich gemacht haben.

„Ich hab einfach irgendein Video genommen“, antwortet Fabian.

Und dann sagen beide lange nichts mehr, sondern starren nur noch konzentriert auf den Bildschirm. Nur ab und zu malen sie Striche auf Notizzettel.

Nach etwas mehr als einer Stunde sind sie fertig.

„Und, wie viele Standard-Situationen hast du gefunden?“, will Jonas wissen.

„Also, Tore hab ich insgesamt 28 gezählt“, sagt Fabian. „Drei fielen durch direkt verwandelte Freistöße.“

„Stimmt“, nickt Jonas und zählt weiter auf: „Außerdem gab es einen Elfmeter, vier Tore nach einer Ecke und ein Tor nach einem Einwurf.“

„Genau“, sagt Fabian. „Und dazu kommen noch sechs Tore, die direkt nach einem Freistoß erzielt wurden.“

„Richtig“, sagt Jonas und zählt zusammen: „Das macht dann ... fünfzehn!“

„Fünfzehn Tore? Nur durch Standard-Situationen?“, staunt Fabian. „Oh Mann, die sind ja echt gefährlich. Ich glaub, die sollten wir wirklich mehr üben.“

Die beiden Jungs beschließen, sofort mit dem Training zu beginnen, und laufen nach draußen auf den Rasen. Zuerst üben sie Zielschießen auf eine leere Dose. Bei jedem Treffer johlen sie laut.

Das geht so lange gut, bis eine ältere Frau von ihrem Balkon aus anfängt, die Jungs lauthals zu beschimpfen. Jonas erschrickt und will davonlaufen. Doch Fabian hält ihn zurück.

„Hör einfach nicht hin“, sagt er. „Die meckert immer. Sogar wenn man ganz leise ist.“

Jonas lacht.

„Weißt du, was?“, sagt er. „Wenn sie immer meckert, dann ist das eigentlich auch eine Standard-Situation!“

„Stimmt“, kichert Fabian. „Allerdings keine besonders gefährliche ...!“

Standard-Situationen

Der Vorteil einer Standard-Situation besteht vor allem darin, dass der Ball ruhig liegt. Außerdem darf der Gegner nicht angreifen. Der Schütze kann sich also in aller Ruhe auf den Torschuss oder die Flanke konzentrieren.

Es gibt zwei verschiedene Arten von **Freistößen**. Den direkten und den indirekten.

1 Bei einem **direkten Freistoß** kann ein Tor direkt erzielt werden, es muss also kein zweiter Spieler den Ball zuvor berühren. Diese Chance nutzen die Freistoß-Experten, indem sie den Ball in einem Bogen an der Mauer vorbei- oder über sie hinwegschießen.

Der **Eckstoß** kann ein kurzer Pass zu einem Mitspieler sein, ein halbhoher Pass in den Torraum oder eine hohe Flanke auf das hintere Toreck. Wichtig ist, dass die Mitspieler des Schützen wissen, wohin er den Ball spielen will. Gute Mannschaften verabreden heimliche Zeichen, damit jeder weiß, wohin der Ball geschossen wird!

2 Bei einem **indirekten Freistoß** wird der Ball zunächst einem anderen Spieler zugespielt. Hier bietet sich ein Freistoßtrick an. Oft reicht schon ein einfacher Heber über die Mauer oder ein kurzer Pass seitlich an der Mauer vorbei, um den Gegner auszuspielen.

Vor, auf oder hinter der Linie?

Heute sind Jule und Florian zum ersten Mal mit ihren Vätern bei einem Bundesligaspiel. Schon seit Tagen sind sie deswegen total aufgeregt.

Die Mannschaften laufen auf das Spielfeld. Riesige Fahnen werden geschwenkt, die Fans schreien und trampeln auf der Tribüne und verwandeln das Stadion in ein Tollhaus! Jule und Florian ertrinken fast in einem Konfetti-Regen und strahlen mit ihren Vätern um die Wette.

Die Heimmannschaft hat Anstoß. Sofort wird der Ball nach vorn gespielt. Der Rechtsaußen erläuft sich das Leder, bringt es noch vor der Seitenauslinie unter Kontrolle und flankt in den Strafraum. Doch der Pass ist zu ungenau, der Ball segelt an Freund und Feind vorbei ins Toraus. Trotzdem klatschen die Zuschauer. Das war ein guter Anfang.

Die Heimmannschaft macht weiterhin

Druck, und auch die Fans auf den Rängen geben alles. Bei jedem Fanlied grölen Jule, Florian und auch die beiden Papas fröhlich mit. Florian staunt, denn er hat seinen Vater noch nie zuvor singen hören.

Doch sosehr sich die Fans und die Spieler auf dem Rasen auch bemühen, bis zur Halbzeit bleibt es beim torlosen Unentschieden. Jule, Florian und die beiden Papas sind trotzdem zufrieden. In der Pause diskutieren sie aufgeregt über die ersten 45 Minuten. Vor allem Jules Papa hat offenbar eine Menge Ahnung.

„Spielen Sie auch Fußball?“, fragt Florian ihn deshalb.

Jules Papa schüttelt den Kopf.

„Schon lange nicht mehr“, sagt er. „Leider. Heute schaue ich mir die Spiele nur noch im Fernsehen an. Aber früher hab ich gern gespielt und war auch oft hier im Stadion.“

Und dann erzählt er. Von spannenden Bundesligaspielen, die er live im Stadion gesehen hat. Von aufregenden Europapokal-Begegnungen, hart umkämpften DFB-Pokalspielen und sogar einem Länderspiel! Florian, sein Papa und Jule hören gebannt zu, denn Jules Papa kann packend erzählen. Fast wie ein Sportreporter im Radio. Beinahe verpassen sie sogar den Anpfiff zur zweiten Halbzeit.

Jetzt haben die Gäste Anstoß. Doch die Heimmannschaft greift sofort an, erobert sich den Ball und startet einen Gegenangriff.

Der Spielmacher führt den Ball, doch er weiß nicht recht, wo er hinspielen soll. Alle seine Mitspieler sind gedeckt.

Plötzlich löst sich der Rechtsaußen von seinem Gegenspieler und spurtet in Richtung Strafraum. Der Spielmacher reagiert sofort. Zentimetergenau spielt er den Ball in den Lauf des Rechtsaußen. Der nimmt das Leder an, läuft noch ein paar Meter, schlägt dann einen Haken und steht auf einmal frei vor dem Torwart. Unhaltbar versenkt er den Ball im Netz.

„Tor!“ Die Spieler jubeln, und die Fans sind aus dem Häuschen! Das ganze Stadion ist ein einziges Fahnenmeer.

„Tor!“ Jule und Florian reißen die Arme hoch.

„Das war ein Supertreffer!“, meint Jules Papa. „Habt ihr den tollen Pass gesehen? Das hätte Zinedine Zidane auch nicht besser machen können!“

Alle erwarten jetzt einen klaren Heimsieg. Doch die Gästespieler ziehen sich noch weiter zurück, bis in den eigenen Strafraum. Es scheint fast so, als ob sie den knappen Rückstand verteidigen wollten.

Mit Erfolg. Die Heimmannschaft findet einfach keinen Weg durch die massive Abwehrkette. Sie kann keine einzige Chance mehr herausspielen.

Stattdessen werden plötzlich die Gäste aktiv. Es sind nur noch wenige Minuten zu spielen, als sie ihren ersten ernsthaften Angriff vortragen. Blitzschnell läuft der Ball über drei, vier Stationen durch das Mittelfeld, und auf einmal steht der Mittelstürmer frei! Er bekommt den Ball und schießt ihn volley gegen die Unterkante der Latte. Der Torwart ist geschlagen. Der Ball prallt nach unten ab und springt einmal auf, bevor ihn ein Verteidiger ins Seitenaus befördern kann.

Gerade noch rechtzeitig. Oder war es doch schon zu spät? Wo ist der Ball gelandet? Vor oder hinter der Linie?

Die Gäste jubeln, während die Spieler der Heimmannschaft abwinken. Nie und nimmer war der Ball drin!

Oder etwa doch?

Alle Spieler, die Trainer und die Fans blicken zum Schiedsrichter. Doch der hat auch nichts gesehen und läuft zu seinem Assistenten an der Seitenlinie.

„Oh Gott, nicht schon wieder“, stöhnt Jules Papa. „Genau wie 1966!“

Fragend sehen Jule, Florian und Florians Papa ihn an.

„Es war bei der Weltmeisterschaft 1966“, erklärt Jules Papa. „Im Finale spielte England gegen Deutschland. Kurz vor dem Abpfiff erzielte Deutschland den 2:2-Ausgleich, also ging es in die Verlängerung. Und da ist genau so ein Tor gefallen. Ein Schuss an die Unterkante der Latte, der Ball ist abgeprallt und aufgesprungen ... – doch ob vor, auf oder hinter der Linie, das weiß bis heute niemand.“

„Und?“, fragt Jule atemlos. „Ist das Tor gegeben worden?“

Ihr Papa nickt.

„Ja, leider“, sagt er. „Der Schiedsrichter

hatte es nicht genau gesehen und hat deshalb seinen Assistenten gefragt. Der konnte eigentlich auch nichts gesehen haben. Trotzdem hat er in die Mitte gezeigt. Und das bedeutete: Tor. Genau wie heute.“

Plötzlich fangen die Fans im Stadion an zu jubeln.

„Nein, nicht wie heute!“, schreit Florian aufgeregt. „Seht nur, das Tor wird nicht gegeben! Es gibt nur einen Einwurf!“

Jules Vater atmet tief durch.

„Ein Glück“, ächzt er. „Zweimal hätte ich so ein schreckliches Erlebnis auch nicht ertragen!“

Berühmte Tore

Neben dem in der Geschichte geschilderten Tor zum 3:2 für England gab es im Laufe der Zeit noch viele weitere wichtige Tore und Nicht-Tore.

Im August 1977 stellte Dieter Müller vom 1. FC Köln einen ganz besonderen und bis heute gültigen **Tor-Rekord** in der Bundesliga auf. In einem einzigen Spiel erzielte der Stürmer sechs Tore!

Im Viertelfinale der Weltmeisterschaft 1986 in Mexiko erzielte Diego Maradona einen Treffer eindeutig mit der Hand. Erstaunlicherweise ließ der Schiedsrichter das Tor gelten. Maradona erklärte später, **die Hand Gottes** hätte den Ball ins Tor gelenkt!

In der Saison 1993/94, im Spiel des FC Bayern München gegen den 1. FC Nürnberg, fiel ein **Phantom-Tor**. Deutlich erkennbar schoss Thomas Helmer den Ball neben das Tor. Jeder sah den Ball ins Aus trudeln – nur der Schiedsrichter nicht. Der entschied auf „Tor“, und die Bayern gewannen mit 2:1. Nach dem Fernsehbeweis wurde das Spiel dann jedoch wiederholt.

Ein einziges Mal in der Geschichte des Fußballs wurde eine Meisterschaft mit einem **Golden Goal** entschieden. Im Endspiel der EM 1996 standen sich Deutschland und Tschechien gegenüber. Das Spiel ging in die Verlängerung. In der 95. Minute erzielte Oliver Bierhoff den entscheidenden Treffer – Deutschland war Europameister. Zwei Jahre später wurde die „Golden-Goal-Regel“ wieder abgeschafft.

Das **Traumtor** der Saison 2002/03 fiel im Auswärtsspiel des SV Werder Bremen bei Borussia Dortmund. Nach einem verunglückten Befreiungsschlag von Dortmunds Torwart Roman Weidenfeller schoss Fabian Ernst den Ball aus 47 Metern zum 2:1-Sieg ins Tor. Am selben Spieltag brachte der japanische Stürmer Naohiro Takahara vom Hamburger SV das Kunststück fertig, den Ball aus acht Metern Entfernung am leeren Tor vorbeizuschießen.

Ulli Schubert wurde 1958 in Hamburg geboren und lebt immer noch sehr gern dort. Er liebt Fußball, den FC St. Pauli, Billard und Darts. Ulli Schubert arbeitete als Erzieher und als Sportreporter und schreibt seit 1991 Bücher für Kinder und Jugendliche. Im Loewe Verlag erscheinen auch seine Kinderromane über die Abenteuer von Torjäger Timo und den Tiger Girls & Roten Rächern.

Mehr über Ulli Schubert erfährst du unter: *www.ulli-schubert.de.*

Udo Kruse-Schulz wurde 1960 geboren. Schon in der Schule stand für ihn fest, dass er Illustrator werden wollte. Nach dem Abitur studierte er in Hamburg aber erst einmal klassische Archäologie, bevor er seinen Traum, Grafik mit Schwerpunkt Illustration zu studieren, tatsächlich wahr machte. Udo Kruse-Schulz lebt mit seiner Frau und seinen fünf Katzen in der Nähe von Hamburg.

Bildnachweis:

dpa: S. 18 (Franz Beckenbauer, Diego Maradona), 19 (Zinedine Zidane, Bobby Charlton), 28, 39, 58, 59.
Keystone Bildagentur: S. 18/19 (Pelé).

Leselöwen Wissen

Abenteuer- und Sachgeschichten

Leselöwen wissen mehr!

- *Wie schnell läuft das schnellste Pferd der Welt?*
- *Wie groß war der größte Dinosaurier?*
- *Mit welchen Waffen wurde während der Ritterzeit gekämpft?*
- *Warum gehören Delfine nicht zu den Fischen?*
- *Wie kaperten Piraten ein Schiff?*

Auf all diese Fragen weiß die Reihe **Leselöwen-Wissen** interessante und verblüffende Antworten. Neben Sachseiten mit zahlreichen Fakten bietet sie spannende Geschichten zu vielen Lieblingsthemen.

FC. LIN